JN418633

광부 鑛夫

윤사순 시집(3집)

광부

鑛夫

유림플러스

책머리에

이 저자는 대학에서 교편을 잡고 있다가 정년퇴직한 사람이다. 여기 '광부(鑛夫)'란 학문을 직업으로 삼고 지낸 '학인(學人)'을 깜깜한 땅굴에서 땀 흘리며 광물을 캐는 인물에 견준 것이다.

저자가 캔 것들은 논문과 저서 형식으로 내놓았으니, 이에는 알속이 빠진 셈이다. 땅굴 아닌 아파트의 밝은 공부방에서 떠오른 상념을 시의 형식으로 쓴 내용이다.

시라고 한들, 촌철살인 하는 명쾌한 직언이나 평설 같은 것이 아니다. 언어로 아름답게 장식한 미학의 세계라 할 수도 없다. 번득이는 직관과 숙성된 달관으로 자아낸 삶의 지혜도 보이지 않는다. 겨우 성인(聖人), 현인(賢人), 선비(士人)들의 사상을 바탕으로 국보인 우리말과 역시 우리국보인 한글로 그려본 그림 몇 점에 지나지 않는다.

알속 없이 따분한 글모음을 부끄러운 줄 모르고 세상에 내놓는 짓은 분명 실수다. 하지만 저자의 변명으로는 이미 두 차례 저지른 실수의 만회를 위한 셋째 번 안간힘이다. 독자의 넓은 아량에 기대고 싶단다.

2020. 4. 24.

윤사순 삼가 적음

차 례

하나 • 님

둘 • 사색

셋 • 소리

넷 • 빈 둥지

다섯 ● 고갯길

하나

윤사순 시집

님

매화 한 그루

엊저녁 태풍 같은 봄바람
창문 흔들어대더니
그 소리 꽃소식인 줄
몰랐구나

매화야 너
반갑고 고맙다

어쩌다 이 시끄럽고 삭막한
도심의 아파트 앞
한 뼘의 양지를 찾았더냐

백설로 수놓은 듯한
단아한 품위
어린 신부의 쪽도리 같은
고상한 아취

인동의 끈기 닮은 선비가
떠오르누나

난초 한 촉 간수 못하는
손길로야 널 어찌

보듬겠냐만

벌 나비 올 때까지 만이라도
나 네 곁에 있어주면
어떨까

2020년 3월 20일.

봄날의 풍경

볕 내림 한껏 받는
양지다

간밤의 습기
대지의 하품처럼
피어오른다

동토에 더한 온기 덕인가
들숨 날숨 대지가
숨 쉰다

흙먼지 하나 없이 맑은 얼굴
새싹이 어렵사리
움터 오른다

새 생명 밤새 감싸준
실바람엔 무심하던 길손
새싹에 눈 주곤
멈춰 선다

2020년 3월 11일.

백설로 수놓은 듯한
단아한 품위
어린 신부의 쪽도리 같은
고상한 아취

인동의 끈기 닮은 선비가
떠오르누나

― 매화 한 그루 中에서

봄나물

동전 한 잎 떨구었다
냉이 밭이다
봄나물이 아쉬웠단다

푸릇한 봄나물
감칠나는 맛

된장국에 띄운 냉이 향이
무던히 맛깔스럽다

바람이 인다
달래 밭에서 돋아나는
아기 쑥 향기다

2020. 5. 8.

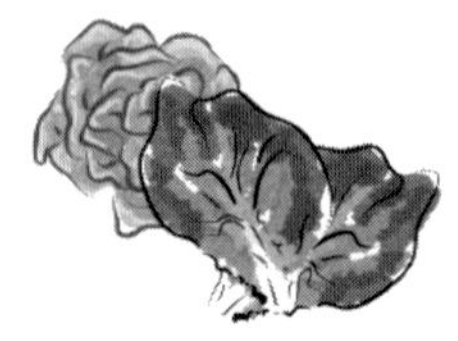

푸릇한 봄나물
감칠나는 맛

된장국에 띄운 냉이 향이
무던히 맛깔스럽다

달래 밭에서 돋아나는
아기 쑥 향기다

ㅡ 봄나물 中에서

병아리떼의 나들이

신호등 깜박이는 네거리
햇살 막 힘주는 즈음
노란 차림의 병아리떼
길을 건넌다

이웃 공원 나들이 나선 듯
올망졸망 손잡고
도란도란 끼리끼리
길손 눈길 못 돌릴 풍경이다

손뼉치며 호루라기 부는 선생님
바라보는 아이 하나 없어도
발걸음은 다 같은 그
방향이다

호루라기 선생님 아까부터
계속 뒷걸음이건만
앞 눈으로 따라가는
병아리들보다 더
잘 가신다

2019년 6월 4일.

손뼉치며 호루라기 부는 선생님
바라보는 아이 하나 없어도
발걸음은 다 같은 그
방향이다

호루라기 선생님 아까부터
계속 뒷걸음이건만
앞 눈으로 따라가는
병아리들보다 더
잘 가신다

– 병아리떼의 나들이 中에서

창공

넋 빠질
파-란 하늘

옥색 바람
뭉게구름 안고

승천하는 선녀
옷자락 날리듯

유혹하는 님의
눈짓

2019년 8월 27일.

안개

눈 뜨니
짙은 안개다

구름 같은 안개가
하늘을 이 땅에
펼쳤다

구름 타고
흘러가던 나그네

저 누리
깊은 곳으로

걸음걸음
흐릿해간다

꿈꾸듯
선녀라도 정녕
만났을까

2019년 10월 22일.

님 생각

잠 못 드는 밤
추녀 끝 초승달이
졸고 있다

구름 제치고
바람처럼 흩어진 별들
오히려 칠흑이라
빛나는가

아 내 님도
저 별처럼
하얀 가슴 까맣게 태우고야
불 같은 사랑으로
안길 건가

2019년 6월 17일.

옛 동산

어린 날 고향엔
솔만큼 산이 많았어

높고 큰 산은
무서운 얼굴이었지만

작고 낮은 산은
친구와 함께 오르던
암소 등 같은
동산이었어

할미꽃 진달래 다 피지만
꽃보다 내 눈엔
잔디만 들어왔지

또래들과
미끄러지기 뒹굴기
넘어뜨리고 넘어지다가
하루 해 넘긴 언덕배기
어머니 같은 넉넉한 품이었어

해맞이 해넘이 돌아가는
세월 헤지 않다가
백발 된 처지, 다시
소년이나 될 양이었던가
잊었던 꿈 찾았지

꽃도 잔디도 벗들마저 다
사라진 빈, 민 언덕
마루엔 높다랗게 솟아오른
십자가 하나뿐!

아, 낡고 황폐해진 심신에 이젠
마음이나 옛 정 따라
어루어 주려는 풍경인가

2019년 10월 15일.

친구 한 사람

기호식품으론
김치찌개라는 친구다

찌개 끓을 참에
작은 질그릇
맛깔스런 소리 뿜으면

그 소리에 즐겨
웃음 띠우는
이다

남들과는 늘
속앓이 함께 할 줄 아는
친구지만

홀로는 자기 자신도 모를
새침에 가린
울보다

그 품격
질그릇 닮은
맛이랄까

2020년 2월 8일

해파랑길

소년 하나 홀가분히
집 나선다

산과 바다 어우러진
구비길로
접어든다

파도 타듯 출렁이는 꿈
퍼져나는 눈부신 햇살
다 함께 짝 된
걸음걸이다

뜨고 지는 해 품어주는
수평선 너머로
시리게 쌓이고 쌓인 고뇌
풍선처럼 날린다

고운 이름 해파랑길
정든 님 따르듯
따라간다

2020년 1월 14일.

뜨고 지는 해 품어주는
수평선 너머로
시리게 쌓이고 쌓인 고뇌
풍선처럼 날린다

고운 이름 해파랑길
정든 님 따르듯
따라간다

— 해파랑길 中에서

별

별 보면
늘 반갑더라

스스로 빛 발산하지만
눈부신 무늬 뒤로 하는 슬기
어디서 익혔더냐

해님보다 달님과 짝함
수줍음 타는 성품 탓인가
그 또한 너의 겸손
아닐지

우러러야 보이고
멀리 있어 그리운 님 같은 너
구름이 가린다고
타고난 빛 잃을까

너의 외로움 같은 작은 빛
잠시 왔다가는 길손의
가슴에라도 따스하게
간직하고 싶다만

어둠에 가린 밤눈, 들은 체 만 체
딴전 파는 버릇 들고서
온 하늘 뒤지누나

2019년 10월 18일.

나 여기

내가 날 보니
나 둘인 게다

뜨려는 나
가라앉으려는 나

빛 보고 웃는 나
울고 싶어 달밤 찾는 나

이름 따로 몸 따로
나 따로 저 따로

내가 나 아니라면
어쩔 뻔 했나

내가 나니까
널 사랑도 하지

이봐요 또 딴전이야
여기라니까
여기야 나

2020년 1월 11일.

얼굴

태어난 뒤로 줄곧
만져오고 거울 비추고
사진으로 보아온 너

볼 때마다 모양 달라졌지만
줄곧 내 얼굴이라 한 건
마음의 받침이었다

남들이 날 알아보게 하는
네 정체 참으로
알 듯 모를 듯이다

마음의 반사경 같은
너 어이해 내
간판처럼 되었는지는
더 모를 일이다

세월 따라 변했고
앞으로도 그렇겠지만
기왕 맺은 인연

사람들에게 나눠 줄

사랑과 소통 한층 드높일
활짝 열린 창문. 그것만이
간곡히 부탁하고픈
바램이구나

2019년 5월 31일.

뜨고 지는 해 품어주는
수평선 너머로
시리게 쌓이고 쌓인 고뇌
풍선처럼 날린다

고운 이름 해파랑길
정든 님 따르듯
따라간다

– 해파랑길 中에서

둘

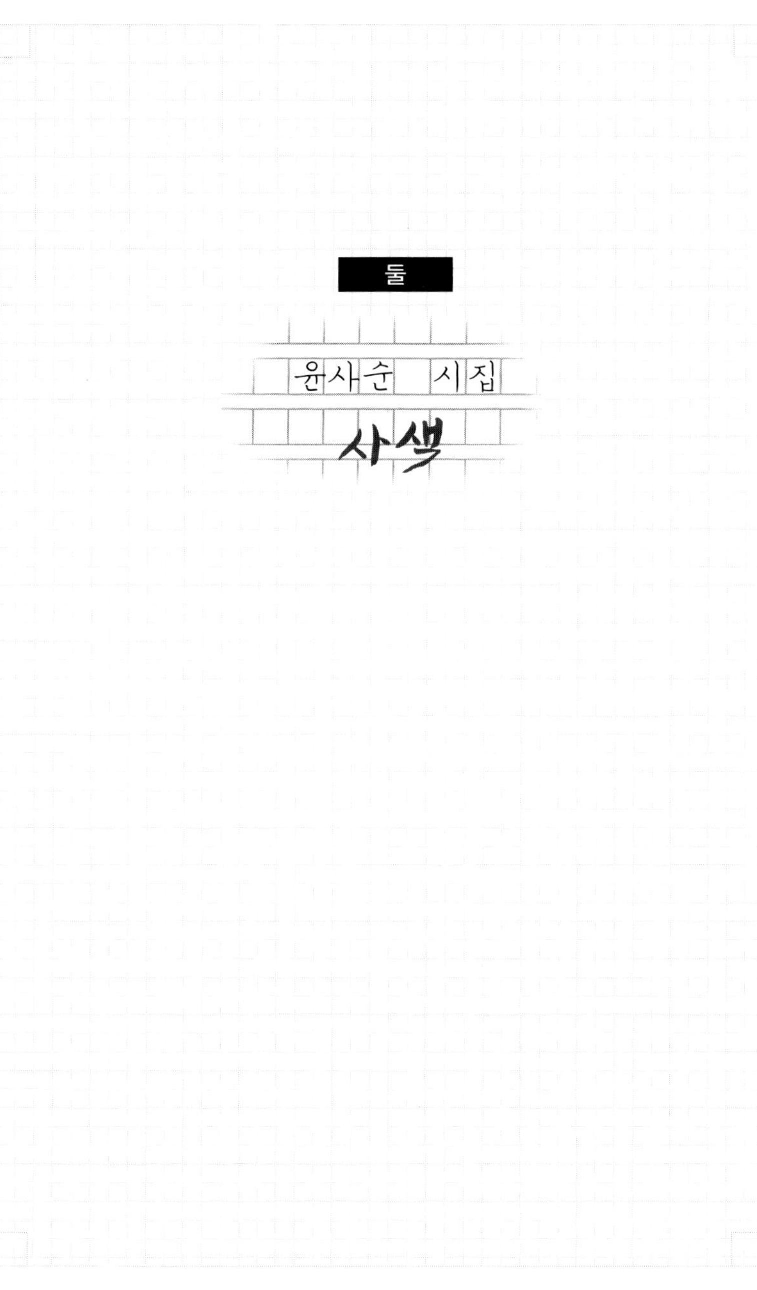

반가사유상(半跏思惟像)

지닌 거 없이 다
떨어버린 몸
무엇을 탐하랴

맑은 마음
거짓 모르고 살아가니
부끄러울 것도 없다

멈출 줄 모르는
긴 사색
끊일 듯 이어지는
실낱 생명이 받드누나

유무 아우르는
공의 세계 투시하듯
고뇌의 바다 무심히
유영하듯

자기 인연에
스스로 취한 보살
어느 숨결에 사랑인들

깃들겠나

윤회의 굴레 벗고
해탈의 경지로
비상하기까지

밤하늘의 적막 속
외로움 삼키고 빛 뿜는
샛별만이 단짝일 듯

2019년 6월 11일.

섬광(閃光)

싯달타 석가모니
한 세월 잊은
색 바랜 영상 같지만

당신의 슬픈 사랑, 자비는
절망 속에 빠진 사람
목 놓아 울고 나야 터득할
울림, 울림이려니...

소리 없는 함성 넘어온
잔잔한 미소
인류 역사에 수놓을
눈금으로 맞을 듯

인간 모두를 품어주려
왕좌 던진 결기,
번득인 그 섬광 앞에선
누구나 눈을
감으리

2019년 9월 30일.

노인과 소년

옛날 어느 산골에
하-얗게 신선 되다만 노인과
샛별처럼 초롱초롱한 소년
심심할 때마다 친구했다

별 곧고 맑은 물 흐르던 날
한 골짜기서 둘은
짜기나 한 듯 마주했다

노인은 손자 같은 소년에게
농 같은 진담의 실마리를 꺼냈다
"이 '물' 흘러 강과 바다로 갈 동안
고생 참 많겠지?"

깜박이는 눈망울로 내는 응답
"글쎄요 아닐 걸요" "왜?"
"낮은 데로만 가니
공손히 여겨 막지 않을 테고
막히더라도 약한 듯
부드러이 돌아가니
시끄런 다툼 없을 거고
남에게 작은 험도 주지 않으니

누구나 모른 체여라
갈 곳 다 가도록 고생 않을 걸요”

이어지는 물음
“할아버진 해님이 이렇게 우릴
따스하게 해 줌 어떻게 생각하셔요?
별 내림 참 좋네”

기침 끝에 내는 말씀
“말이다. 빛과 별 내리시는 해님
물과는 다르지
해님은 너와 나의 가림 없듯
누구에게나 차별이 없단다
썩 고르게일 뿐, 많고 적음 없이
아주 똑 같게야”

잠시 숨 고르곤
“그리 ‘하려함’이나 ‘꾸밈없이’ 그러니
참으로 ‘절로 절로’란다
자기 거라 챙김 없는 건 꼭
욕심 없고 순박한 너 같지”

"별 자꾸 내어주다가 다 떨어지면
어쩌나요?"

"그런 걱정 안할 거다
해님 마음은 하늘만큼 넓어
죽고 살고도 따지지 않을 게니"

"그럼 꼭 할아버지 같네"

활짝 웃는 두 얼굴
손에 손하고 마을로였다

2020년 2월 10일.
(이는 노자의 무위無爲·자연自然철학을 시로 돌려 낸 것임)

운명

인생에 눈 뜰 때엔
운명이 먼저 와 기다린 듯
불행에 막혀 기죽는다

불행 비관 모르고
기죽지 않는 삶
가능할까

가능할 듯
절로 절로를 앞세우고
자연별곡 부르며 산에서 살던
산사람, 장자 같다면야

노자 따르던 그
비관 자폐의 씨앗
자길 불러내 자기와 함께
공기놀이 하더니

광활한 우주, 지붕 삼던 장자
산천초목을 속옷 걸치듯
크나큰 '자연'에 들어
자길 바람결에 훌쩍

날려버렸지

바람에 날린 바로 그 게
놀이감, 공기돌 같던
그의 ‘운명’이었더란다

2019년 5월 24일.
(이는 장자의 망아-忘我를 시로 읊은 것임)

자연별곡

도심 속 낭떠러지
음산한 다리 밑

다 헤진 신창 같은
움막의 쪽방

머리 숙이고 허리 굽혀
여닫는 쪽문으로

자연별곡 된 인생별곡
적막 속에
멈추었다

허구 많은 사연 딛고
세운 막장극이다만
관객이 얼씬도
않는다

2019년 5월 16일.

거울포구(鏡浦) 얘기

샛강이 령 넘어 이룬 마을
갯가의 큼직한 거울엔
바다 속 사연이 다
비친다

깊이를 감춘 쪽빛 물결 위로
잔잔히 이는 지난날 회상이
자랑 반 과장 반으로
소설을 엮는데

그 하나.
이름 대면 다 알 높은 뫼의 샘
떠나, 골짜기 훑고 구비치는
여울과 강 돌고 돌아
낮은 데로만 흐르다가
낮은 데 더 없어 예에
머물렀단다. 듣자니
높은 곳 출신이라는 자랑이다

귀 밝인 체 하던 이웃 하나
우리는 하늘나라
하느님 발치에서 뭉게구름

벗 삼다가
이 땅이 썩 좋아 보여
빗줄 타고 내려왔건만
고작 뫼에서 왔어라?

2019년 12월 3일.
(이 시는 율곡연구원 [율곡]에 넘긴 것임)

해돋이

늘 보는 해돋이
볼 때마다
새삼스러이 맞는 건
어인 일일까

밤 새 눈 가리던 어둠
단숨에 뒤집고
환한 세상 연 슬기에
반해서겠지

얼룩진 내 마음도
저렇듯 말끔히
뒤집기 안 될까

묵은 마음에 얼음냉수
한 바가지 들이키듯
날선 뉘우침, 그런

큰 마음먹기라면
그게 곧 나의
새 해돋이 아닐까

2020년 2월 3일.

단풍놀이

깜빡할 사이
무슨 수로 온 산을
물들였나

색깔로 마술하는
재간꾼

님에 보일 분장인가
자기 위한 보호색인가

단풍들
고운 색깔만큼
향기도 뿜어낸다면?

그야, 뉘라서 아니 맡을까
후각 다 잃도록 한껏
맡고서

단풍놀이 단꿈에 겨워
취한 듯 낙엽 지듯
가물가물
스러지겠지

2019년 11월 16일.

고독

시인의 고독
무념 따라
청아한데

밤의 적막은
안개 낀 달무리에
잠긴다

구름 갠 하늘엔
별들이
눈짓 손짓한다

우러르던
시인의 마음 연상
길손 채비하려다
지운다

고독은 여전히
그의 우아한
짝인가

2019년 12월 14일.

한 소망

초저녁에 곤드래 되는
버릇, 한 잠 자고
긴요한 데
다녀오던 참

소리 없이
방안 훔치다 들창에 걸린
크막한 얼굴과
마주쳤다

환히 웃는 보름달
호젓한 만남

형설로 날밤 새우던
글 물림이라면
얼마나 반겼을까

쌓아온 책들 침침한 눈으로
낡은 옷처럼 치운 터지만
홀로의 달맞이 무심히
제치긴 참 아깝구나

바램으로, 너의 밝음일랑
아직도 털어내지 못한
어리석음 지울 이
마음의 등불 되어달라면
과욕이랄까

2020년 3월 13일.

셋

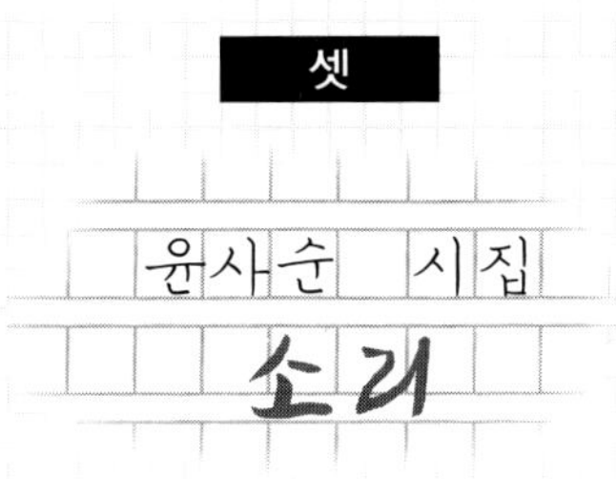

작은 소리 낮은 소리

적막 속 외로움이 허공에서
맴돌 때, 미풍에
흔들리는 작은 풍경소리
예사로울까

천년 역사 누벼온 바위 같은
산사의 묵념 끝에서 내는
목탁소리라면
어쩔까

누군들
산허리 감도는 안개 속으로
사라지기 전
귀 담지 않을까

목탁소리, 어느 듯
텅 빈 이 가슴 메우고
은은히 끊일 듯 은은히
산울림으로 어울린다

작은 소리 낮은 소리
그 울림 멀리도 간다

천둥소리 울림보다
더 길다

2020년 2월 14일.

발걸음 인생

터벅터벅
발걸음 무겁다
갈 길 먼데 간신히
해동무 하게 될까

백수의 왕
사자도 범도 먹잇감 앞에선
기듯이 발소리 죽이더라
구기고 버려진 자존심이다

뚜벅뚜벅
굶주려도 천리마는
그렇지 않다
발소리 굽소리 다 살려 걷는다

하느님 우러르는 마음으로
묵직이 걷던 옛 선비들
당당히 걷던 선비들
참 많았다

2019년 12월 8일.
(이는 『철학과 현실』 2020. 봄호 권두시로 게재되었음)

터벅터벅
발걸음 무겁다
갈 길 먼데 간신히
해동무 하게 될까
…
하느님 우러르는 마음으로
묵직이 걷던 옛 선비들
당당히 걷던 선비들
참 많았다

— 발걸음 인생 中에서

쇠북종

전설만큼 많은 무게로
떠있는 크막한 종

에밀레 아니었더라면
난들 널 어이 쇠북인 줄
알았겠느냐

포효하는 외침 참느라
본래의 고음 삭인
웅휘한 저음

그 소리로
산울림보다 더 장중하게
가슴 뚫고 지축까지 흔드는
울림을

출렁이는 물결 따라
먼 바다 오대양으로 펼치곤

선녀의 너울로 구름 타고
하늘에 긴 여운마저
띄우는 은은함

아, 이런 쇠북 같은
크막한 종이라면

2019년 6월 8일.
비 내리는 경포에서.

바다 소리

수평선 한 줄기
길게 하늘과 짝 한다
색깔로도 마주하려 했나
바다가 하늘보다 더 짙푸르다

아련히 펼쳐진 상큼한 그림 한 자락
그 한끝 파도 시늉하다가
하얀 거품으로 부서진다

더 감내할 수 없을 만큼 가득한 물
많은 사연들로 넘실거린다 거기
먼 옛 사연들의 소리
녹음처럼 재생한다

시름겨워 한숨짓는 소리
애 끊는 호가 울리자, 곧

총포 쏟아지는 소리, 아우성 소리
뒤집히는 바다, 목숨 던진 순간
'죽었다 하지 말라' 는 외침
귓전 때린다.와 영화처럼
재연되는 역사다

2019년 10월 26일.
(바닷가에만 가면 누구나 이런 소리가 들릴 거다)

뻥튀기

길가 뻥튀기
바라보는 노인 하나
되 쌀알로 포대 쌀 된
포만감 즐긴다

튀김의 유혹
어느새 주머니 속
로또 만진다

숫자 셋 맞춘 경험으로
여섯 터뜨리는 뻥
불가능만은 결코 아닐 터

기다림의 한 주일
상상 속 주말의 행운
기대치 높음
뉘 알까

뻥튀기 바라보는
길가 노인
이런저런 포만감 한껏
쓸어 담는다

2019년 5월 14일.

가을 하늘

바다가
허공에 떴다

물결 재우듯
구름 걷어내고

알몸
활짝 열어 보인
쪽빛이다

거기

투명한
바람결에

굴렁쇠 굴리느라
밟아온 그림이
떠오른다

2019년 9월 5일.

강물

아홉 살, 열두 살짜리
어른들 노래잔치에 끼어
최우수 별들 따내곤
마구 울어댄다

외할머니 그리고
할아버지의 고마움
때문이란다

누군들 외할매, 할배 없었을까
살갑기 그지없던 할마씨
무심한 듯 속으로만
끔찍이 여기던 할바씨

아, 백발의 냉가슴
한 복판 에우는 강물
끓어오르는 듯
넘실거린다

2020년 1월 7일.

밤비

한밤중의 궂은비
찬바람 앞세워
단잠 접게 한다

푸른 새싹 틸 봄비라면
산새소리에 귀 열듯
반기겠다만 그도 아닌 것이

번쩍이는 벼락 앞세우며
온 세상 놀랄 천둥과 함께 하는
장대비라면 강과 바다의
몫일 수밖에 없지만

칠흑 어둠 적시면서
소리 없이 내리는 오늘의
이 때아닌 밤비는 왜
무성영화 같은 세상만 자아낼까

아 가위 눌린 잠결엔
소리, 안타까운 소리 그
한 마디가 악몽을 깨운다만

2020년 2월 28일.

칠흑 어둠 적시면서
소리 없이 내리는 오늘의
이 때아닌 밤비는 왜
무성영화 같은 세상만 자아낼까

아 가위 눌린 잠결엔
소리, 안타까운 소리 그
한 마디가 악몽을 깨운다만

ㅡ 밤비 中에서

침묵

해맞이에선 늘
낯 선 이라도
반기고 싶어 했다

속은 거 없이
노을 탓하랴만
해넘이에서도 그랬다

첩첩이 넘어온 산만큼
통한의 시름이
성숙의 아픔으로
못 견디게 하던 날들

녹청의 바다
내려다보는 하늘처럼
청청한 젊음
아련하다

구름 한 점 없는 적막이
깊은 침묵에 막혀
꼼짝 달싹 못한 채
멈추었다

2020년 1월 27일.

님의 고통

꽃이 있어
단 꿀 빨 듯
사랑 있어
님 맞게 마련이다만

사무치는 그리움
떨리는 외로움으로
겪어온 너

사랑 잃은 미움이
온 세상 뒤엎는
살벌한 환란 속에서

아 죽음처럼
견디어야 하는
미혹!!

이는 곧
네 님의 고통임을
아는가

2019년 11월 8일.

넷

빈 둥지

떠돌이 별 같던
순이와 돌이
함께 눈 맞추자마자
새살림이었지

힘 부침 모르쇠로
재봉과 착기
운전으로

게딱지라도
한 지붕
우리 집인 데야

외동이 보람까지
안아 보는
정신없이 즐거운
행운이었지

금이야 옥이야
번 돈 다라도
아깝지 않았다

일등 상장 쌓이던
행복은
뜻밖이더니

그 재주 장학금 타내
바다 건넌 뒤
박사에 교수에 유엔에
소문은 요란스레
풍성했건만

집지기 된 노인들
잡은 손 예대로
단 둘일 뿐

덩그러니
빈 둥지 하나가
허공에 떠 있다

2020년 1월 30일.

폐지

창문 뚫고 덤벼드는
빛살 뭉치
눈부시게 퍼져
온 세상 다 차지한다

게으름뱅이 늦잠 잘
세밑 아침
체감온도 영하 이십
넘었다

경로당 점심으로 요기하는
마을 할매
오늘도 오후엔
돌 거다

날 어둡도록 돌아 봤자
장터국수 한 그릇 치
버려진 신세
폐지들이지만

그래도 할매의 손길로
정성스레 다독여진

폐지 아닌
보물이다

2019년 12월 31일.

선돌

천지 사이
소리 소문 없이
홀로다

바람 타는 풍각으로 잠시
허랑한 세월이었다만

바람의 속성 잘 못 짚은 게
말썽, 상처 없이
속속들이 바람 들 건
꿈도 못 꿨다

살 에는 삭풍마저
폭풍처럼 매몰차게
불어 닥쳤다

아 어이 하랴

고향 반섬
방축 위
부러진 풍향계 들고

우는 선돌일
따름이다

2019년 8월 15일.

어느 노인의 모습

김치찌개 떠올리다
손댄 거라곤 우유 한 컵
빵 한 조각

바람 쐬려 나선 길
이름 모를 돌림병 탓인가
본래의 한산함이 단 한사람으로
족하다 할 판, 사색하는
철학자의 길이다

어린 날, 교실청소 동무들 대신
혼자 한다 큰소리치며
기운 다 빼곤, 돌아가
할머니 없다 울던 그

하얀 노자 모양인 지금도
집에 들면 빈방으로
눈길 주고 머뭇거림
예대로다

멀-리 허공 헤고 서있던
어느 철학자와
꼭 같다

2020년 2월 18일.

바람 쐬려 나선 길
이름 모를 돌림병 탓인가
본래의 한산함이 단 한사람으로
족하다 할 판, 사색하는
철학자의 길이다
…
멀-리 허공 헤고 서있던
어느 철학자와
꼭 같다

― 어느 노인의 모습 中에서

고향 느티

적막이 늘 한적을 감싸던
시골 마을, 그 한 가운데
지키고 섰던 보호수
한 그루

몇 백 해 역사 누벼온
거목다운 모습
몸통만도 눈짐작
어지럽히던
하늘 버팀목이었지

놀이 감 찾던 어린이들
매미 소리 귀따기면
사다리 타고 오르던
동산이었고

우람한 그림으로 간직해온
노인의 마음 속엔
나무 한그루가 곧 잊혀진
고향 산천이었지

2020년 2월 6일.

적막이 늘 한적을 감싸던
시골 마을, 그 한 가운데
지키고 섰던 보호수
한 그루

…

우람한 그림으로 간직해온
노인의 마음속엔
나무 한그루가 곧 잊혀진
고향 산천이었지

– 고향 느티 中에서

섬 얘기

눈 뜨자
맨 먼저 찾는
휴대폰

비밀번호부터
제 거 아닌 듯
더듬지만

그래도
이 거 손 떠난다면
큰일이다

어둠 내린
기억의 바다라

약속 잊고
까-맣게
한눈팔려

외딴섬에
홀로
갇힐 뿐이다

2019년 12월 26일.

어둠 내린
기억의 바다라

약속 잊고
까—맣게
한눈팔려

외딴섬에
홀로
갇힐 뿐이다

— 섬 얘기 中에서

섬

홀로 왔다 홀로 가는
외톨 인생 으레
섬이지

인간사 반겨줄 이웃 하나로
사촌 생기듯, 섬도
섬 아닐 수 있을 거다

칠흑 바다에 올린 등댓불로
지나는 배마다 인사한 섬
어이 외톨인가

풍파 사나운 날 조각배
허겁스레 안아준 거라면 나는
섬이라도 섬이라 하지
않을 거다

2019년 6월 2일.

칠흑 바다에 올린 등댓불로
지나는 배마다 인사한 섬
어이 외톨인가

풍파 사나운 날 조각배
허겁스레 안아준 거라면 나는
섬이라도 섬이라 하지
않을 거다

— 섬 中에서

멀어진 꿈

어린 날의 꿈
돌아치던 만큼이나
다채로웠지만 담박했다

절벽서 떨어져도 상처 없듯
막다른 벽일 땐 날면 그만이고
무서운 가위에 소리치면
어머니 품 차례였을 뿐이다

공자가 주공 만나는 꿈 살아져
한숨지은 사실 안 뒤로는
웬 일일까, 꿈 희귀해지고
어수선해지기만 하다

실은 나 또한 약아빠진 만큼
머리 굴림 복잡해져, 이제는
꿈인 줄 알면서도
꿈속의 꿈 즐기려든다

그게 어디 마음대로인가
꿈 그도 제 귀중함 알아차린 듯
아주 까마득히 멀어졌다

2020년 4월 7일.

실은 나 또한 약아빠진 만큼
머리 굴림 복잡해져, 이제는
꿈인 줄 알면서도
꿈속의 꿈 즐기려든다

그게 어디 마음대로인가
꿈 그도 제 귀중함 알아차린 듯
아주 까마득히 멀어졌다

— 멀어진 꿈 中에서

새벽 모기

한숨 자고 났으나
어둠 그대로다

적막 속의 여가
어머니 손길 그리다가
님의 그림까지 다듬는다

잊은 기억 되살아나듯
적막 깨는 작은 소리
가늘게 멀리서 날아온다

서릿발 맞고도 살아남은
고음, 귓전 울리며
얼굴 정탐하려 든다

하찮지만
독침 든 게릴라다

솜털 같이 여린 거
넘어선 결코 안 될 임계선,
제 운명의 사선 설치
알고나 올까

2019년 10월 15일.

잊은 기억 되살아나듯
적막 깨는 작은 소리
가늘게 멀리서 날아온다

서릿발 맞고도 살아남은
고음, 귓전 울리며
얼굴 정탐하려 든다

하찮지만
독침 든 게릴라다

솜털 같이 여린 거
넘어선 결코 안 될 임계선,
제 운명의 사선 설치
알고나 올까

— 새벽 모기 中에서

가을 날

매미 소리
귀 밖에서
겉돈다

선들 바람
햇볕 타는
들녘

고개 숙인
이랑마다
끝물로
부시댄다

하늘만큼 푸른
농부의
알찬 바램

알곡 가득
곳간 채울
날씨다

2019년 9월 1일.

하늘만큼 푸른
농부의
알찬 바램

알곡 가득
곳간 채울
날씨다

— 가을 날 中에서

다섯

고갯길에서

떡국 먹은 기억 있지만
나이 먹은 기억 없다

물 흐르듯 절로인 게
세월인 줄 알았지
깔딱고개 태산준령의
맥일 줄 몰랐다

곡예 같은 고비
수없이 넘었다

그럴 줄 알았더라면
작심하고나 할 걸
셈해볼 틈조차 없었다

허드레 헛공사였다면
진땀 뺀 흔적 후회했겠다만
어이없게도 그게
역사라더라

고비 같은 고개
아리랑고개마저 넘어야

역사 새로 펼치리라곤
더더욱 깜깜이었다

2020년 3월 25일.

어느 광부

글방 출신의 말 없는 광부
평생 제나라 광맥 캐기에
매달렸다

전인미답의 산 속 땅굴에서
밤낮 없이 어두움 홀로
캐는 그

손에 쥔 광물 아주 미미해
가난 면한 적 없었지만

어둠속에 묻힌 빛과의 만남은
이웃과 나누던 포만의
환희 자체였다

광부생활 어언 육십 여 해
갈 길 아직도 멀었는데
해는 서산이다

눈감고도 잡아내던 맥인 걸
낯선 듯 서툰 듯
더듬거린다

2019년 11월 11일.

광부생활 어언 육십 여 해
갈 길 아직도 멀었는데
해는 서산이다

눈감고도 잡아내던 맥인 걸
낯선 듯 서툰 듯
더듬거린다

– 어느 광부 中에서

낙엽

단풍의 마술
어제까지도
하늘 가린 황금 진홍...

향내 가리고
색깔로만 연출한
눈부신 잔치더니

오늘은 그 황홀한 풍광
어디 두고 제각기 땅바닥서
외로움 안고 흐느끼는
낙화인가

아 덧없음
일깨워주는 이
부처뿐인 줄 알았는데

말없이 흩어진 낙엽들
너희가 모두
부처일 줄이야

2019년 11월 24일.

아 덧없음
일깨워주는 이
부처뿐인 줄 알았는데

말없이 흩어진 낙엽들
너희가 모두
부처일 줄이야

— 낙엽 中에서

한계령에서

허 참, 이것들
겨우 입동에
무엇 하는 짓들이냐

벌써부터
홀랑 벗은 벌거숭이
나목들

멋 부리려다 너희들
꽁꽁 어는 맛
볼 거다

예가 어딘지
알기나 하냐

폭설 몰고 와
살 에는

눈뫼(雪嶽) 중
찬꼴재(寒溪嶺)니라

2019년 11월 18일.

벌써부터
홀랑 벗은 벌거숭이
나목들

멋 부리려다 너희들
꽁꽁 어는 맛
볼 거다

폭설 몰고 와
살 에는

눈뫼(雪嶽) 중
찬골재(寒溪嶺)니라

– 한계령 中에서

시계소리

스치는 바람
문풍지 흔들 듯
똑딱인다고 모두
시계인가

기운 다 해
기록 세운 시간 너머로
정확 정직처럼 자랑하는
기곌 무색하겐 못 할지라도

연달아 귓속 울리는 똑딱임
님 만날 약속 지키듯
지켜야 할 일

헤어가며
고민 고민하다가
귀띔해주는
그 소리더냐

2019년 11월 22일.

노할머니

군대 나가는 증손자
절하며

“백세까지
건강 하셔야 해요“

구십 노할머니

“나도 갈 날 정해졌는데
준비가 안 돼서”

“준비라니 무슨 말씀?”

“너 장가 가
옥동자 하나 낳아야”

증손자 자기 덩치만큼
떠는 손 어루다가
안긴다

2019년 9월 20일.

꿈같은 세월

모를 일 하나
물어 보자

꿈이 바퀴 되어
세월 굴리나

세월이 바람 되어
꿈 일구나

꿈같은 세월

백년 산들 난
모를 일

누구에게라도
물어 보자

2019년 5월 21일.

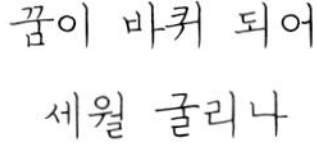

꿈이 바퀴 되어
세월 굴리나

세월이 바람 되어
꿈 일구나

꿈같은 세월

– 꿈같은 세월 中에서

무제

자지레한 잡목 제치고
하늘 높이 솟은
청솔 아래

뉘 하나
그림자 되어
쉬는 듯 잠들 참

하늘 뭉개던
흰 구름
안개 이불 되어

자장가 여운처럼
싸안아
퍼져 내리리

2019년 10월 4일.
(그대 두고 떠나며 그리는 동양화 한 폭)

유전인자

노세노세 젊어 노세
노세로 인생 다
실없이 된 줄 알았다

바람 같은 그 유전자 타고 난
뒷네들, 절로절로 나 절로
춤으로도 으뜸이다

멋들자, 또다시
놀이놀이 노래 따라
손놀림 발놀림 몸놀림까지

못내 놀자 판인가 갸웃 할 수밖에...
하지만 놀이 놀림, 놀림이 되레
재간이자 재주부림 아주
뛰어난 재주부림임을
뉘 알았나

그게 우리네의
속내 참모습인 것을

2020년 4월 14일.

아리랑 이중주

님과 함께라면 나
개나리 진달래
구경하며

찬 겨울 이겨낸 보리밭
들녘, 초록빛 더욱
토실하게 해 줄
민초이듯
약초 되리라

그 날엔
동요처럼
민요처럼

살뜰한 님의 손 꼭 잡고
땀 뺄 고개, 어렵잖이
넘을 거다

새록 푸른 보릿고개 지나
긴 긴 아랑의 길
아리랑 고개

가뿐 가뿐
넘어 갈 거다

2020년 3월 26일.

『광부』를 내면서

–지은이의 말

필자의 시 쓰기는 이제 세 돌밖에 안 되었다. 직장을 정년퇴직한 지도 이제 20년쯤 헤아리게 되었지만, 아직도 그 하던 일에서 벗어나지 못하고 있다. 이러는 사이 나이 80을 넘기자 억제만 하던 시세계에 대한 호기심의 숨통을 터주었다. 그게 3년 전의 일이다. 흔한 말로 백세시대의 두 직종, 그런 것까지는 엄두도 내지 않았다. 다만 안달하던 속내를 달래주는 스스로의 아량이었을 뿐이다.

필자가 직업 삼았던 업종은 철학이고, 그 가운데서도 한국 전통철학이다. 대학에 진학할 때 주변, 특히 부모님의 만류를 무릅쓰고 발을 들여놓은 분야다. 제 멋에 겨워 산다고 하듯, 거기에 매달린 채 나이만 적지 않게 먹은 꼴이다. 외롭고 힘들게 파고들지 않으면 결코 안 되는 분야지만, 인간사 치고 그렇지 않은 분야 어디 있을까?

다른 분야 못지않게 철학은 삶에서 겪는 '문제의식'에서 출발한다. 현실 생활에서 직면하는 문제해결 의지로 탐색하는 학문이 철학이다. 그 문제 해결을 되도록 독단과 선입견이나 편견 없이, 그것도 어디까지나 '근본적 원리 탐구'의 태도로 시도하는 학문이다.

아무리 절실하게 체감하는 고통과 고뇌라 해도 일단은 흥분하지 말고 '이성(理性)'에 의해 심사숙고해야 한다. 그 심사숙고는 분명한 정합성을 지닌 '논리'를 따라야 하는 작업이다. 그 귀결로 얻어지는 진리의 맛, 이른바 '진리의 값(眞理値)'은 자신만이 알게 되는 조용한 '경이'이고 '황홀함'이다. 누구에게라도 나누어주고 싶은 '슬기' 곧 '삶의 지혜'를 맞을 때 그렇다.

이는 세월을 잊고 진땀 빼는 '구년면벽(九年面壁)'의 수도승과 다를 게 없다. 그 입산수도 못지않게 백두대간의 이름 모를 뫼에 들어 홀로 깜깜한 '굴속의 광맥'을 찾는 일과 같다. 어두운 굴속에서 '빛나는 광물'을 캐는 광부와 다르지 않은 생활이다. 책의 제목 '광부(鑛夫)'란 이를 가리켜 사용한 어휘다.

광부를 자칭하면서 캐낸 필자의 광물은 매우 적어 결코 자랑할 만한 것이 못된다. 가난을 면치 못한 수확이다. 하지만 그 가난은 어디까지나 양심에 따른 성과인 만큼 누구에게도 부끄러워 할 것은 아닌 줄 안다.

인생살이의 문제가 어찌 이성만으로 처리될 성격인가? '열탕 냉탕', '희노애락'이 있듯이 '감성(感性)'과도 관련된 잡다한 문제의 연속이다. 감성을 대표하는 정감 조절, 그 운전이야말로 참으로 어려운 일이다. 정감 조절의 잘 잘못이 도리어 문제로 될 때가 흔함을 본다. 문제가 안 된다 해도, 일정한 정서 자체가 기쁨과 슬픔으로 갈리는 데야!

마음 씀씀이야말로 철학과 함께 해야 하는 분야 아니, 철학보다 더 긴밀히 간여하고 관장하는 분야가 시(詩)인 것 같다. 마음 씀씀이를 바로 잡는 역할로는 시의 힘이 더 할 것 같다. 조용히 읊조린 이런 저런 시에서 '직관'과 '달관'의 통로를 통해 들려오는 소리에는 단순한 '경이'나 '환희'와도 또 다른 '지혜'와 마음의 평안(平安)을 안기는 '위로'와 '위안'이 있다. 그것이 감성 중 으뜸인 '사랑'을 바탕으로 '공감'하는 시의 묘미이자 매력이라 여긴다.

필자가 뒤늦게 배우기 시작한 시에서 눈길을 떼지 못하는 까닭이 이에 있다. 한 해, 두 해, 세 해, 시 쓰기를 거듭하는 까닭이자 필자의 냉가슴에 온기를 더해주는 무언의 소득이기도 하다.

× × ×

써 놓은 시들의 편집조차 결코 쉽지 않았다. 1집의 봄, 여름, 가을, 겨울, 그런 식이 간편하고 쉬운 듯해 또 써볼까 했지만, 두 번 쓰기는 내키지 않았다. 제 철의 변화에 맞출 내용의 불비도 한몫 했다. 궁리 끝에 정한 것이 다섯 묶음 = 「님」, 「사색」, 「소리」, 「빈 둥지」, 「고갯길」이다.

첫째-「님」편이다. 사랑의 정감을 바탕으로 쓰지 않은 시란 참으로 흔치 않을 것이다. 하지만 그 농도가 보다 더 짙은 것이라 짚고 보니, 그 대상인 시적 객체는 '님'일 수밖에 없었다. 이는 눈에 보이고 만져지고 상상으로 떠오르는 사물 모두를 가리킨다. 한 예로 새 철, 봄의 알림이 같은 '매화'와 '새 싹'부터가 그에 든다.

"…/어쩌다 이 시끄럽고 삭막한/도심의 아파트 앞/한 뼘의 양지를 찾았더냐/…/인동의 끈기 닮은 선비가/떠오르누나/난초 한 촉 간수 못하는 손길로야 널 어찌/보듬겠냐만/벌 나비 올 때까지라도/나 네 곁에 있어주면/어떨까" (매화 한 그루)

"볕 내림 한껏 받는/양지다/… /간밤의 습기/대지의 하품처럼/피어오른다/… /흙먼지 하나 없이 맑은 얼굴/새싹이 어렵사리/움터 오른다/새 생명 밤새 감싸준/실바람엔 무심하던 길손/새싹에 눈 주곤/멈춰 선다"(봄날의 풍경)

노란 '병아리', '창공', '안개'도 보기에 따라서는 님이다. '친구'나 '옛 동산' 또한 님에서 제외 될 수 없다.

"신호등 깜박이는 네거리/햇살 막 힘주는 즈음/노란 차림의 병아리떼/길을 건넌다/…./손벽치며 호루라기 부는 선생님/바라보는 아이 하나 없어도/발걸음은 같은 그 방향이다/호루라기 선생님 아까부터/계속 뒷걸음이건만/앞 눈으로 따라가는/병아리들보다 더/잘 가신다"(병아리떼의 나들이)

"넋 빠질/파-란 하늘/옥색 바람/뭉개구름 안고/승천하는 선녀/옷자락 날리듯/유혹하는 님의/눈짓"(창공)

"구름 같은 안개가/하늘을 이 땅에/펼쳤다/구름 타고/흘러가던 나그네/저 누리/깊은 곳으로/걸음걸음/흐릿해간다/꿈꾸듯 선녀라도 정녕/만났을까"(안개)

님이라면 뭐라 해도 짝궁 같은 이가 '님 중의 님'임은 말할 나위 없다. 그 님 아니더라도 누구나 '별'을 내 마음의 님으로 간직하려 할 때가 있을 것이다.

"잠 못 드는 밤/추녀 끝 초승달/졸고 있다/구름 제치고/바람처럼 흩어진 별들/오히려 칠흑이라/빛나는가/아 내 님도/저 별처럼/하얀 가슴 까맣게 태우고야/불같은 사랑으로/안길 건가"(님 생각)

"별 보면/늘 반갑더라/스스로 빛 발산하지만/눈부신 무늬 뒤로 하는 슬기/어디서 익혔더냐/… /우러러야 보이고/멀리 있어 그리운 님 같은 너/구름이 가린다고/타고난 빛 잃을까/너의 외로움 같은 작은 빛/잠시 왔다가는 길손의/가슴에라도 따스하게/간직하고 싶다만/어둠에 가린 밤눈, 들은 체 만 체/딴전 파는 버릇 들고서/온 하늘 뒤지누나"(별)

필자의 경우 우매한 탓에 '님' 찾기 전에 때로 '나' 자신을 종잡을 수가 없다. 그래 얼굴을 만지거나 거울을 들고서 나를 확인하려 한다. 「나 여기」와 「얼굴」이 그런 사실이다.

"내가 날 보니/나 둘인 게다/뜨려는 나/가라앉으려는 나/빛 보고 웃는 나/울고 싶어 달밤 찾는 나/이름 따로 몸 따로/나 따로 저 따로/내가 나 아니라면/어쩔 뻔 했나/내가 나니까/널 사랑도 하지/이봐요 또 딴전이야/여기라니까/여기야 나"(나 여기)

"태어난 뒤로 줄곧/만져오고 거울 비추고/사진으로 보아온 너/볼 때마다 모양 달라졌지만/줄곧 내 얼굴이라 한 건/마음의 받침이었다/남들이 날 알아보게 하는/네 정체 참으로/알 듯 모를 듯이다/마음의 반사경 같은/너 어이해 내/간판처럼 되었는지는/더 모를 일이다/....."(얼굴)

이 밖에 「해파랑길」은 시인이자 철학자인 남상호 교수가 홀로 여러 날 동안 동해안의 경관 감상에 젖는 소식을 보내와 답으로 부친 글이다. 「친구 한 사람」은 80여 년 동안 함께 한 내 촌스런 절친의 모습이고, 「옛 동산」은 그 친구와 노닐던 어릴 적 고향 동산의 변모를 그린 글이다. 본문에 그대로 둔다.

× × ×

둘째-「사색」 편이다. 이는 필자의 사색이기 보다는 '국보적 가치'(반가사유상)에 깃든 사색을 중심으로 나타낸 것이다. 삶의 현장에서 맞닥뜨리는 뼈아픈 고통과 고뇌에 대한 원인 규명을 위해 행한 성현-석가, 노자, 장자-의 그 깊이 모를 사색의 심연도 포함했다. 이들의 경우야말로 필자의 속셈으로는 님이라 하고 싶었지만, 신중해야 그림이 제대로 되리라는 긴장어린 기대 속에서 그린 '미학과 철학이 융합'된 세계라 할 수 있다.

"지닌 거 없이 다/떨어버린 몸/무엇을 탐하랴/맑은 마음/거짓 모르고 살아가니/부끄러울 것도 없다/멈출 줄 모르는

/긴 사색/끊일 듯 이어지는/실낱 생명이 받드누나/유무 아우르는/공의 세계 투시하듯/고뇌의 바다 무심히/유영하듯/자기 인연에/스스로 취한 보살/어느 숨결에 사랑인들/깃들겠나/윤회의 굴레 벗고/해탈의 경지로/비상하기까지/밤하늘의 적막 속/외로움 삼키고 빛 뿜는/샛별만이 단짝일 듯"(반가사유상·半跏思惟像)

속인의 거친 솜씨가 고운 보살의 마음을 언짢게 하지나 않았다면 다행이겠다.

"싯달타 석가모니/한 세월 잊은/색 바랜 영상 같지만/당신의 슬픈 사랑, 자비는/절망 속에 빠진 사람/목 놓아 울고 나야 터득할/울림, 울림이려니…/소리 없는 함성 넘어온/잔잔한 미소/인류 역사에 수놓을/눈금으로 맞을 듯/인간 모두를 품어주려/왕좌 던진 결기, /번득인 그 섬광 앞에선/누구나 눈을/감으리"(섬광·蟾光)

필자는 불교신자가 아니다. 그러나 개인 석가모니를 존숭한다. 사성제설(四聖諦說) 또는 사법인설(四法印說)로 압축되는 그의 철학도 선각적 이론임을 부정할 수 없는데다, 인간 고뇌의 극복을 위해 왕좌를 버린 그의 용단은 결코 범상한 이들이 하지 못하는 것이기 때문이다. 반가사유상을 감상할 때도 필자는 저 보살의 가슴에도 그런 결기가 깃들었으리라 짐작했다. 이와는 또 다른 한 장면, 길지만 꼭 보이고 싶은 것이 있다.

"옛날 어느 산골에/하-얗게 신선 되다만 노인과/샛별처럼 초롱초롱한 소년/심심할 때마다 친구했다/볕 곧고 맑은 물 흐르던 날/한 골짜기에서 둘은/짜기나 한 듯 마주했다/노인은 손자 같은 소년에게/농 같은 진담의 실마리를 꺼냈다/ "이 '물' 흘러 강과 바다로 갈 동안/고생 참 많겠지?"/깜박이는 눈망울로 내는 응답/"글쎄요 아닐 걸요" "왜?"/"낮은 데로만 가니/공손히 여겨 막지 않을 테고/막히더라도 약한 듯/부드러이 돌아가니/시끄런 다툼 없을 거고/남에게 작은 험도 주지 않으니/누구나 모른 체여라/갈 곳 다 가도록 고생 않을 걸요"/이어지는 물음/"할아버진 해님이 이렇게 우릴/따스하게 해 줌 어떻게 생각하셔요?/볕 내림 참 좋네"/기침 끝에 내는 말씀/"말이다. 빛과 볕 내리시는 해님/물과는 다르지/해님은 너와 나의 가림 없듯/누구에게나 차별이 없단다/썩 고르게일 뿐, 많고 적음 없이/아주 똑 같게야"/잠시 숨 고르곤/"그리 '하려함'이나 '꾸밈없이' 그러니/참으로 '절로 절로'란다/자기거라 챙김 없는 건 꼭/욕심 없고 순박한 너 같지"/"볕 자꾸 내어주다가 다 떨어지면/어쩌나요?"/"그런 걱정 안 할 거다/해님 마음은 하늘만큼 넓어/죽고 살고도 따지지 않을 게다"/"그럼 꼭 할아버지 같네"/활짝 웃는 두 얼굴/손에 손하고 마을로였다" (노인과 소년)

-(이는 노자의 無爲 自然 철학을 시로 돌려낸 것임)

각주로 설명 했으니 더 할 게 없다. 이어지는 다음은 장자의 철학이다.

"인생에 눈 뜰 때엔/운명이 먼저 와 기다린 듯/불행에 막혀 기죽는다/불행 비관 모르고/기죽지 않는 삶/가능할까/가능할 듯/절로 절로를 앞세우고/자연별곡 부르며 산에서 살던/산사람, 장자 같다면야/노자 따르던 그/비관 자폐의 씨앗/자길 불러내 자기와 함께/공기놀이 하더니/광활한 우주, 지붕 삼던 장자/산천초목을 속옷 걸치듯/크나큰 '자연'에 들어/자길 바람결에 훌쩍/날려버렸지/바람에 날린 그 게/놀이감, 공기돌 같던/그의 '운명'이었더란다"(운명) -(이는 장자의 忘我를 시로 읊은 것임)

노자 장자와 함께 자리하기는 이 정도에서 끝내련다. 아래는 우리의 현실에서 일상으로 보고 듣고 아는 사람의 이야기다.

"도심 속 낭떠러지/음산한 다리 밑/다 헤진 신창 같은/움막의 쪽방/머리 숙이고 허리 굽혀/여닫는 쪽문으로/자연별곡 된 인생별곡/적막 속에/멈추었다/허구 많은 사연 딛고/세운 막장극이다만/관객이 얼씬도/않는다"(자연별곡)

측은만으로 풀리지 않을 현상, 그러나 풀어내야 할 인간 과제들의 하나를 읊었다. 이어지는 「거울포구 얘기」는 필자가 자주 들르는 경포대에서 밤바다를 끼고 걷다가 떠오른 '단군신화'에 담긴 겨레의 자긍심이다. 「해돋이」는 개인의 수양이 갖는 의의라 할까? 「고독」 또한 외롭게 동해안 해파랑길을 여러 날 답사하는 남상호 교수에게 보내준 시다. 이 대목에서 단풍에 슬며시 분칠한 「단풍놀이」나 들추면 어떨까 싶다.

"깜빡할 사이/무슨 수로 온 산을/물들였나/색깔로 마술하는/재간꾼/님에 보일 분장인가/자기 위한 보호색인가/단풍들/고운 색깔만큼/향기도 뿜어낸다면?/그야, 뉘라서 아니 맡을까!/후각 다 잃도록 한껏/맡고서/단풍놀이 단꿈에 겨워/취한 듯 낙엽 지듯/가물가물/스러지겠지"(단풍놀이)

× × ×

셋째-「소리」편이다. '소리'는 '말'이라 번역해도 좋을 듯하다. 사노라면 많은 소리를 듣게 되고 나도 소리를 내게 마련이다. 시 또한 소리 없는 소리 아닐까? 어떻게 읊느냐에 그 소리의 아름다움과 그렇지 않음이 달렸지만, 헛소리는 금물일 것이다. 다음과 같은 소리는 지금도 귀에 울려오는 소리다.

"적막 속 외로움이 허공에서/맴돌 때, 미풍에/흔들리는 작은 풍경소리/예사로울까/천년 역사 누벼온 바위 같은/산사의 묵념 끝에서 내는/목탁소리라면/어쩔까/누군들/산허리 감도는 안개 속으로/사라지기 전/귀 담지 않을까/목탁소리, 어느 듯/텅 빈 이 가슴 메우고/은은히 끊일 듯 은은히/산울림으로 어울린다/작은 소리 낮은 소리/그 울림 멀리도 간다/천둥소리 울림보다/더 길다"(작은 소리 낮은 소리)

작은 소리이기는 제자에게 주는 스승의 가르침 소리도 목탁소리와 같지 않을까? 긴 긴 세월을 두고 울림 있기야 스승의 소리가 더 할 수 있겠다. 아무튼 작은 소리 낮은 소리는 세상에 참 많을 거다만, 목탁소리는 필자가 유난히 좋

아하는 소리라 꼽았을 뿐이다.

그러고 보니 사사로운 개인사 하나가 떠오른다. 이것을 쓰고 있던 중, 한국전통문화대학교 최영성 교수가 그의 주옥같은 한시집 『백사시집(白史詩集)』을 부쳐왔기에, 답례로 이를 보냈다. 그는 손꼽히는 유학자, 그런 분에게 목탁소리를 들리게 한 게 어울리지 않았다는 느낌이다. 오해는 하지 않을 분으로 여긴다만 미안함을 표하고 싶다.

아무튼 소리로 독자 여러분은 아래의 '발걸음 소리' '쇠북종 소리'를 늘 듣고 있을 것 같다.

"터벅터벅/발걸음 무겁다/갈 길 먼데 간신히/해동무 하게 될까/백수의 왕/사자도 범도 먹잇감 앞에선/기듯이 발소리 죽이더라/구기고 버려진 자존심이다/뚜벅뚜벅/굶주려도 천리마는/그렇지 않다/발소리 굽소리 다 살려 걷는다/하느님 우러르는 마음으로/묵직이 걷던 옛 선비들/당당히 걷던 선비들/참 많았다"(발걸음 인생)

-(이는 『철학과 현실』, 2020, 봄호, 권두시로 게재되었음)

"전설만큼 많은 무게로/떠있는 크막한 종/에밀레 아니었다면/난들 널 어이 쇠북인 줄/알았겠느냐/포효하는 외침 참느라/본래의 고음 삭인/웅휘한 저음/그 소리로/산울림보다 더 장중하게/가슴 뚫고 지축까지 흔드는/울림을/출렁이는 물결 따라/먼 바다 오대양으로 펼치곤/선녀의 너울로 구름 타고/하늘에 긴 여운마저/띄우는 은은함/아, 이런 쇠북 같은/크막한 종이라면"(쇠북종)

-(비 내리는 경주에서)

우리 문화의 정수가 큰 울림으로 우리 마음을 흔든다. 어찌 우리의 문화에만 그치랴! 그 소리 웅휘한 만큼 인류 미래의 광채로도 누벼가리…

한편 우리에게는 '역사'와 관련된 소리, 실로 땅위 아닌 바다 밑에서 나오는 소리가 있다. 우리는 충무공 이순신 장군에게 진 빚이 참으로 크다.

"수평선 한 줄기/길게 하늘과 짝 한다/…./더 감내할 수 없을 만큼 가득한 물/많은 사연들로 넘실거린다 거기/먼 옛 사연들 소리로/녹음처럼 재생한다/시름겨워 한숨 짓는 소리/애끊는 호가 울리자, 곧/총포 쏟아지는 소리, 아우성 소리/뒤집히는 바다, 목숨 던진 순간/'죽었다 하지 말라'는 외침/귓전 때린다.와 영화처럼/재연되는 역사다"(바다 소리)

하지만 일상에서는 이와 또 다른 소리가 마음을 울린다. 귀 기우리지 않아도 이미 우리 귀에 담긴 소리다.

"길가 뻥튀기/바라보는 노인 하나/되 쌀로 포대 쌀 된/포만감 즐긴다/튀김의 유혹/어느새 주머니 속/로또 만진다/숫자 셋 맞춘 경험으로/여섯 터뜨리는 뻥/불가능만은 결코 아닐 터/기다림의 한 주일/상상 속 주말의 행운/기대치 높음/뉘 알까/뻥튀기 바라보는/길가 노인/이런저런 포만감 한껏/쓸어 담는다"(뻥튀기)

이런 와중엔 으레 하늘을 안식처인 듯 바라보게 마련. 「가을 하늘」이 특히 그런 것이다.

"바다가/허공에 떴다/물결 재우듯/구름 걷어내고/알몸/활짝 열어 보인/쪽빛이다/거기/투명한/바람결에/굴렁쇠 굴리느라/밟아온 그림이/떠오른다"(가을 하늘)

오솔 길의 「산책」도 마찬가지. 모두 나 홀로의 세계일 따름이다. 아래 두 꼭지-「밤비」와 「침묵」-이 그런 실례를 대표할 것 같다. 홀로지만 홀로에 그치지 않길 바라는 마음이다. 가위 눌리고도 못 내는 '소리의 역설', 그 역설의 소리가 곧 '침묵'이라면 어찌 되는 논리인가?

"한밤중의 궂은비/찬바람 앞세워/단잠 접게 한다/…/…/칠흑 어둠 적시면서/소리 없이 내리는 오늘의/이 때 아닌 밤비는 왜/무성영화 같은 세상만 자아낼까/아 가위 눌린 잠결엔/소리, 안타까운 소리 그/한 마디가 악몽을 깨운다만"(밤비)

"해맞이에선 늘/낯 선 이라도/반기고 싶어 했다/…/첩첩이 넘어온 산만큼/통한의 시름이/성숙의 아픔으로/못 견디게 하던 날들/녹청의 바다/내려다보는 하늘처럼/청청한 젊음/아련하다/구름 한 점 없는 적막이/깊은 침묵에 막혀/꼼짝 달싹 못한 채/멈추었다"(침묵)

× × ×

넷째-「빈 둥지」편이다. 오늘날의 세계적 현상이라고 할 수 있을지 모르겠다. 효의식의 박약, 은혜를 모르는 배은망덕, 윤리 도덕의 실추가 문제라면, 꼰대소리나 듣겠지. 판세가 글렀다. 사랑 자체가 흐려지는 판에 배려와 관용과 포용인들 어디서 찾겠나? 이러고도 문명과 문화의 수월성을 앞세운 '인간 영장'이니, '인간 특유의 가치'를 입에 올릴 수 있겠나? 세태의 음지가 절로 눈에 들어온다.

"떠돌이 별 같던/순이와 돌이/함께 눈 맞추자마자/새살림이었지/힘 부침 모르쇠로/재봉과 착기/운전으로/게딱지라도/한 지붕/우리 집인 데야/외동이 보람까지/안아 보는/정신없이 즐거운/행운이었지/금이야 옥이야/번 돈 다라도/아깝지 않았다/일등 상장 쌓이던/행복은/뜻밖이더니/그 재주 장학금 타내/바다 건넌 뒤/박사에 교수에 유엔에/소문은 요란스레/풍성했건만/집지기 된 노인들/잡은 손 예대로/단 둘일 뿐/덩그러니/빈 둥지 하나가/허공에 떠 있다"(빈 둥지)

"꽃이 있어/단 꿀 빨 듯/사랑 있어/님 맞게 마련이다만/사무치는 그리움/떨리는 외로움으로/겪어온 너/사랑 잃은 미움이/온 세상 뒤엎는/살벌한 환란 속에서/아 죽음처럼/견디어야 하는/미혹!!/이는 곧/네님의 고통임을/아는가"(님의 고통)

"창문 뚫고 덤벼드는/빛살 뭉치/눈부시게 퍼져/온 세상 다 차지한다/게으름뱅이 늦잠 잘/세밑 아침/체감 온도 영하 이십/넘었다/경로당 점심으로 요기하는/마을 할매/오늘도 오후엔/돌 거다/날 어둡도록 돌아 봤자/장터국수 한 그릇 치/버려진 신세/폐지들이지만/그래도 할매의 손길로/정성스레 다독여진/폐지 아닌/보물이다"(폐지)

사회의 그늘을 남의 탓으로만 돌릴 권리는 나에게 없다. 나 자신부터 그 원인의 책임에서 자유로울 수 없기 때문이다.

"천지 사이/소리 소문 없이/홀로다/바람 타는 풍각으로 잠시의/허랑한 세월이었다만/바람의 속내 잘못 짚은 게/말썽, 상처 없이/속속들이 바람 들 건/꿈도 못 꿨다/살에는 삭풍마저/폭풍처럼 매몰차게/불어 닥쳤다/아 어이하랴/고향 반섬/방축 위/부러진 풍향계 들고/우는 선돌일/따름이다"(선돌)

"김치찌개 떠올리다/손댄 거라곤 우유 한 컵/빵 한 조각/바람 쐬러 나선 길/이름 모를 돌림병 탓인가/본래의 한산함이 단 한사람으로/족하다 할 판, 사색하는/철학자의 길이다/어린 날, 교실청소 동무들 대신/혼자 한다 큰소리치며/기운 다 빼곤, 돌아가/할머니 없다 울던 그/하얀 노자 모양인 지금도/집에 들면 빈방으로/눈길 주고 머뭇거림/예대로다/멀리 허공 헤고 서있던/어느 철학자와/꼭 같다"(어느 노인의 모습)

누군들 늙지 않으랴만, 노인에게 따르는 필수품 중의 하나가 고독이다. 해서 '고독'과 '노인'은 마치 동의어처럼 보인다. 고독 외에 노인에게는 또 실수가 따른다. '실수'도 '노인'과 동의어로 됨직하다. 고독은 으레 '향수'에 젖는 것이고, 실수는 자신에 대한 '실소'를 금치 못하는 것이다. 「고향 느티」 외의 (본문의) 몇 수가 거의 그런 사례다. 다만 「새벽 모기」는 누구의 신경을 건드리는 장면이었다.

"적막이 늘 한적을 감싸던/시골 마을, 그 한 가운데/지키고 섰던 보호수/한 그루/몇 백 해 역사 누벼온/거목다운 모습/몸통만도 눈짐작 어지럽히던/하늘 버팀목이었지/놀이감 찾던 어린이들/매미소리 귀따기면/사다리 타고 오르던/동산이었고,/우람한 그림으로 간직해온/노인의 마음속엔/나무 한 그루가 곧 잊혀진/고향 산천이었지"(고향 느티)

"한숨 자고 났으나/어둠 그대로다/적막 속의 여가/어머니 손길 그리다가/님의 그림까지 다듬는다/잊은 기억 되살아나듯/적막 깨는 소리/가늘게 멀리서 날아온다/서릿발 맞고도 살아남은/고음, 귓전 울리며/얼굴 정탐하려 든다/하찮지만/독침 든 게릴라다/솜털 같이 여린 거/넘어선 결코 안 될 임계선,/제 운명의 사선 설치/알고나 올까"(새벽 모기)

× × ×

다섯째-「고갯길」편이다. 무슨 설명이 더 필요하랴! 이름 그대로, 다 함께 진땀 뺄 각오로 넘어야 할 대상이다.

"떡국 먹은 기억 있지만/나이 먹은 기억 없다/물 흐르듯 절로인 게/세월인 줄 알았지/깔딱고개 태산준령의/맥일 줄 몰랐다/곡예 같은 고비/수 없이 넘었다/그럴 줄 알았더라면/작심하고나 할 걸/셈해볼 틈조차 없었다/허드레 헛공사였다면/진땀 뺀 흔적 후회했겠다만/어이없게도 그 게/역사라더라/고비 같은 고개/아리랑고개마저 넘어야/역사 새로 펼치리라곤/더더욱 깜깜이었다"(고갯길에서)

"글방 출신의 말 없는 광부/평생 제나라 광맥 캐기에/매달렸다/전인미답의 산 속 땅굴에서/밤낮 없이 어두움 홀로/캐는 그/손에 쥔 광물 아주 미미해/가난 면한 적 없었지만/어둠속에 묻힌 빛과의 만남은/이웃과 나누던 포만의/환희 자체였다/광부생활 어언 육십 여 해/갈 길 아직도 멀었는데/해는 서산이다/눈감고도 잡아내던 맥인 걸/낯선 듯 서툰 듯/더듬거린다"(어느 광부)

"단풍의 마술/어제까지도/하늘 가린 황금 진홍…/향내 가리고/색깔로만 연출한/눈부신 잔치더니/오늘은 그 황홀한 풍광/어디 두고 제각기 땅바닥서/외로움 안고 흐느끼는/낙화인가/아 덧없음/일깨워주는 이/부처뿐인 줄 알았는데/말없이 흩어진 낙엽들/너희가 모두/부처일 줄이야"(낙엽)

낙엽 지면 겨울. 찬바람 부는 겨울고개 넘어야 할 터! 그 고개 너머에 무엇이 기다릴지 어떨지 모르지만, 다리 떨리지 않을 때 넘도록 하자.

"허 참, 이것들/겨우 입동에/무엇 하는 짓들이냐/벌써부터/홀랑 벗은 벌거숭이/나목들/멋 부리려다 너희들/꽁꽁 어는 맛/볼 거다/예가 어딘지/알기나 하냐/폭설 몰고 와/살 에는/눈뫼(雪嶽) 중/찬꼴재(寒溪嶺) 니라"(한계령에서)

"스치는 바람/문풍지 흔들 듯/똑딱인다고 모두/시계인가/기운 다 해/기록 세운 시간 너머로/정확 정직처럼 자랑하는/기곌 무색하겐 못 할지라도/연달아 귓속 울리는 똑딱임/님 만날 약속 지키듯/지켜야 할 일/헤어가며/고민 고민

하다가 / 귀띔해주는 / 그 소리더냐"(시계소리)

우리네 삶은 늘 시계바늘 따라 한 고비 넘으면 기다리는 것이 '일'이더라. 하지만 일이 인생을 보람차게 해주는 요인이라면 어찌 할까? 일 없는 처지가 얼마나 고통인지 모르는 이들이 일을 귀찮아한다. 일정한 일을 즐기면서 할 수 있음은 분명 행운이다. 광부에 견준 필자가 캐낸 광물이 약소하지만 행운이라 여겨온 까닭은 그 일 자체를 보람이라 여긴 데 있다.

일에 취했어도 '거기에 놀이' 느낌이 한 데 어울릴 때라야, 참으로 신명나고 활기차게 될 것이다. 그 활기 활력으로 인간은 문명과 문화를 진보 발전시키고 창조까지 해내지 않았던가? 그 게 우리네 조상으로부터 이어온 '전통'이자 우리 문화의 '유전자'라 한다면 지나친 주장일까?

조상이니 전통이니 입에 올리면, 이른바 '애송이들'은 곧 흔한 말로 '꼰대'라 하겠지만, 누군 애송이 아닌 적 있었던가? 누군 꼰대 되지 말라는 이치 있다던가? 꼰대에게서 삶의 '경험과 슬기' 배우고, 애송이에게서 '용기와 희망'을 얻어야 할 터. 꼰대와 애송이 다함께 어울려 놀이 하듯, 일에 취해 힘차게 활기차게 밭 갈고 씨 뿌려야, 고개 중의 고개 '아리랑고개'를 수월하게 넘을 거다. 겨레의 정감이 독특하게 배어있는 아리랑고개를 이제는 이별 없이 환한 웃음으로 넘을 것이다.

"노세 노세 젊어 노세 / 노세로 인생 다 / 실없이 된 줄 알았다 / 바람 같은 그 유전자 타고 난 / 뒷네들, 절로절로 나

절로/춤으로도 으뜸이다/멋들자, 또다시/놀이 놀이 노래 따라/손놀림 발놀림 몸놀림까지/못내 놀자 판인가 갸웃 할 수밖에…/하지만 놀이 놀림, 놀림이 되레/재간이자 재주부림/뛰어난 재주부림임을/뉘 알았나/그게 우리네의/속내 참모습인 것을"(유전인자)

"님과 함께라면 나/개나리 진달래/구경하며/찬 겨울 이겨낸 보리밭 들녘, 초록빛 더욱/토실하게 해 줄/민초이듯/약초 되리라/그 날엔/동요처럼/민요처럼/살뜰한 님의 손 꼭 잡고/땀 뺄 고개, 어렵잖이/넘을 거다/새록 푸른 보릿고개 지나/긴 긴 아랑의 길/아리랑 고개/가쁜 가쁜/넘어갈 거다"(아리랑 이중주)

필자의 「뒷말」은 이만 마감해야 할 것 같다. 여기 끝자리에서 한 가지 더 밝히고 싶은 것이 있다. 이 글모음을 엮은데 대한 소회이다. 누구나 그러리라 생각되지만, 홀로 외로움을 맞을 때마다 필자는 친구나 지인은 물론이고 아무라도, 심지어 낯 선 사람들이라도 만나고 싶은 충동을 느낀다. 마음을 주고받을 사람을 상상하면서 잠시라도 함께 하고 싶은 심정에 잠긴다. 그 심정의 울림자국이 이런 글로 모여졌다. 모인 것들이 모두 부족한 솜씨임을 누구보다도 필자 자신이 잘 안다. 그러나 이렇게라도 만난 대화의 자국을 새겨야 마음이 편하고, 아니 편함 정도를 넘어 행복해진다. 귀중한 행복을 안겨주는 모든 분들에게 무한히 감사하고 싶다. 깊은 마음으로 감사한다.

윤사순(尹絲淳)

- 1936년 출생
- 고려대학교 철학과 및 동대학원 졸업(철학박사).
- 고려대학교 철학과 교수
- 한국공자학회장, 한국동양철학회장, 한국철학회장, 국제유교연합회(북경 소재) 부회장 역임
- 현 고려대학교 명예교수, 중국사회과학원 명예교수 중국 곡부사범대학 객원교수, 대한민국학술원 회원, 율곡연구원 이사장

저서 《퇴계철학의 연구》 (국문, 영문판)
《한국유학논구》 (국문, 중문판)
《한국유학사》 (국문, 중문판)
《한국의 유학사상》 (국문, 영문판)
《한국의 성리학과 실학》, 《한국유학사상론》
《신실학 사상론》, 《조선시대 성리학의 연구》, 《조선, 도덕의 성찰》
《동양사상과 한국사상》, 《유학의 현대적 가용성 탐구》
《실학의 철학적 특성》, 《유학자의 성찰》, 《우리사상 100년》 (공저) 등.
그리고 시집으로 《길손》, 《선비》가 있음.

역서 《퇴계선집》, 《석담일기》.

시 1집 《길벗》, 2집 《선비》.

편서 《자료와 해설, 한국의 철학사상》 (국문, 영문판)
《한국의 사상》, 《사단칠정론》, 《인성물성론》
《도설로 보는 한국유학》, 《실학의 철학》
《조선유학의 자연철학》, 《신실학의 탐구》 등.

논문 "퇴계의 가치관에 관한 연구"(박사학위논문)를 비롯하여 약 2백편.

광부(鑛夫)

인쇄 2020년 5월 20일
발행 2020년 5월 26일
발행인 황경숙/김유원
발행처 유림플러스 (유림문화사)
등록 제8-15호 (1970.8.16)
주소 (02837) 서울시 성북구 선잠로 3길 1-6
전화 02-747-8447 **팩스** 02-766-8449
휴대전화 010-5336-4542
전자우편 uwk65@hanmail.net
편집·인쇄 한림원(주) http://www.hanrimwon.com

ISBN • 978-89-7053-804-4 [03810] ₩10,000